48

L 6 755.

CONSIDÉRATIONS

SUR

LA LIBERTÉ DE LA PRESSE.

Imprimerie de Mme. V^e. PERRONNEAU, quai
des Augustins, n°. 39.

CONSIDÉRATIONS

SUR

LA LIBERTÉ DE LA PRESSE,

TELLE QU'ELLE EXISTE
ET TELLE QU'ELLE DEVRAIT EXISTER EN FRANCE;

Sur quelques abus de Police, et sur la nécessité
d'une Loi d'*habeas corpus ;*

ADRESSÉES A LA CHAMBRE DES DÉPUTÉS;

PAR UN MEMBRE DE LA DERNIÈRE CHAMBRE.

> Il me semble que dénoncer des abus,
> essayer d'offrir les moyens d'y remédier,
> c'est aussi servir son pays.
> *Page 8 de cet Ouvrage.*)

A PARIS,

Chez GERMAIN MATHIOT, libraire, rue Saint-André-des-Arts, n°. 34;

Et à BRUXELLES, même Maison de Commerce, Marché-au-Bois , n. 1310.

1817.

Les formalités voulues par la Loi ont été remplies, et tous les Exemplaires seront signés de l'Éditeur.

A.

MESSIEURS LES MEMBRES

DE LA CHAMBRE DES DÉPUTES.

———

Messieurs,

Cet Ouvrage est entièrement *constitutionnel;* il n'a été dicté que par l'amour du bien. L'Auteur le met sous votre protection.

CONSIDÉRATIONS

SUR

LA LIBERTÉ DE LA PRESSE,

TELLE QU'ELLE EXISTE
ET TELLE QU'ELLE DEVRAIT EXISTER.

~~~~~~~~

Le plus grand bienfait qu'un souverain puisse offrir à ses peuples, est sans contredit une bonne Constitution : c'est elle qui établit et soutient les bases de la tranquillité et du bonheur de ces peuples.

Louis XVIII, sous ce rapport, mérite la reconnaissance de tous les Français. La Charte constitutionnelle, ce *palladium* de la nation, n'est pas *son plus beau titre à la gloire* seulement ; elle l'est encore à notre amour. Mais est-elle entièrement parfaite, cette Charte ? C'est ce qu'il ne m'est pas permis de juger. Je vais parler seulement de l'un de ses articles d'une très-grande importance : je veux dire l'article relatif *à la liberté de la presse.*

Il me semble que dénoncer des abus , essayer d'offrir les moyens d'y remédier , c'est aussi servir son pays.

Examinons d'abord, ce qu'est *la liberté de la presse* en France. Il suffit de réfléchir un moment, pour voir que le mot seul existe et non la chose. Tromper avec des mots est un moyen toujours employé par un mauvais gouvernement ; il est indigne du nôtre. On viendra me demander : *De quel droit,* obscur citoyen, je prends la parole pour blâmer un acte émané du Roi ? Je répondrai : Du droit de tout Français attaché à son pays et au Roi.

Il existe des hommes qui ne rêvent qu'innovations, qui penseraient déjà à détruire une chose qu'ils auraient eux-mêmes proposée , dès que cette chose existerait, par la raison qu'elle existe ; qui voudraient changer le ciel et la terre , changer leur nature, même s'ils le pouvaient. Il est d'autres hommes qui ne louent , qui *ne chérissent* que *les choses du jour*, et ont toujours à la bouche ces mots : *C'est bien*, *c'est parfait*, *on ne peut faire mieux*. Ceux-ci sont moins dangereux, sans doute, mais souvent aussi blâmables que ceux-là. Ils viendront combattre mon opinion, et, sans se douter du bandeau qui couvre leurs yeux, m'accuseront de ne voir que ce que mon esprit crée, de vouloir renverser *l'ordre des choses présentes*. Je les attends sans crainte, sûr d'avoir l'avantage, parce que je suis fort de ma conscience.

« De quoi vous plaignez-vous donc, me diront-ils ? La censure, ce *fléau terrible*, est abolie. Vous pouvez imprimer tout ce qui s'offre à votre imagination ; nul ne vous en empêche ; vous pouvez faire gémir à la fois toutes les presses de Paris et des départemens ; on ne viendra point les retenir ; vous ne rencontrerez aucun obstacle jusqu'au moment de la publication de votre écrit. Il est examiné, il est vrai, mais c'est après avoir été imprimé. Si votre intention est bonne ; si le but que vous vous êtes proposé est utile et *reconnu tel*, aussitôt votre ouvrage a *son cours libre*. S'il est dangereux, s'il décèle un esprit de parti pernicieux au Gouvernement , ou même à quelques *citoyens* , il est nécessaire , il est indispensable qu'il ne *paraisse point* ; et la loi qui ordonne *de le saisir* est aussi juste qu'elle est sage. » Voilà où je les attendais. Sans doute , c'était un *terrible fléau* que cette censure qui a été créée par la tyrannie, et n'a dû son existence, jusqu'au moment de sa destruction , qu'à la crainte et à la faiblesse ; mais , quels avantages nous procure l'abolition de ce *fléau* ?

Un citoyen croit éclairer le gouvernement , croit détruire des abus , croit être utile , par conséquent , en produisant ses idées nouvelles. Il compose avec confiance cet ouvrage qu'il croit être un titre à la reconnaissance de ses concitoyens ; il le livre à l'impression avec la même confiance , et, au moment où il croit enfin pouvoir offrir *ses vues ,* un ordre formel lui apprend que la police met opposition à la publication de son livre. Il demande quelles sont *les raisons* qui font agir ainsi ? On lui répond : *La police le veut.* — Que trouvez-vous à reprendre dans ma brochure ? — *La police la trouve dangereuse.* — Indiquez-moi ce qu'il y a de dangereux. — *Je n'en sais rien ;*

la police l'a dit. Que répondre à des raisons telles que celles-là? Je n'invente pas,
je ne suppose pas ; ce dialogue a été en-
tendu. Il vaudrait autant, il vaudrait mieux
que *la censure* existât encore. Le mal serait
moins grand.

Lorsqu'on publiait un ouvrage, je le sais,
les censeurs étaient toujours là pour éplucher
chaque phrase, et (si l'on veut bien me passer
cette métaphore outrée) pour la tourner et
la retourner dans tous les sens, pour tâcher
d'y découvrir ce à quoi l'auteur très-souvent
n'avait pas même pensé.

Un crayon sinistre était sans cesse dans leurs
mains pour rayer sans pitié tout ce qui heur-
tait les opinions de celui dont ils étaient
quelquefois les agens, et même leurs opinions particulières. Du moins un auteur était
averti. Il voyait d'un coup d'œil tout ce qu'il
y avait à changer dans son ouvrage. Lorsque
ces changemens étaient opérés, il était certain que ces *messieurs de la police* ne vien-
draient pas saisir chez son libraire et enlever
cet enfant qu'il avait eu tant de peine à *former, à corriger, à redresser.*

Nous nous sommes plaints du despotisme

de la censure ; les plaintes ont été écoutées, mais les vœux n'ont point été exaucés. On nous a répondu : vous voulez du changement? vous en aurez ; comme si changer était faire mieux. On nous a délivré d'un mal pour nous faire tomber dans un mal plus grand.

J'ai vu quelquefois des enfans qui ne voulaient pas prendre une médecine parce qu'elle était amère, et auxquels l'instant d'après on faisait avaler le même breuvage dans un vase nouveau et différent du premier, en leur disant : *Celui-ci est bien bon ; il a un goût délicieux.*

J'ai vu aussi un dentiste ignorant, auquel un homme se plaignit un jour d'une douleur insupportable que lui causait une mauvaise dent. Le dentiste lui promit de le guérir. Il lui arracha cette dent ; mais il la lui arracha de manière que, tout en extirpant avec elle la douleur dont notre malheureux se plaignait, il lui fit, avec son instrument, une blessure dont la douleur fut plus longue encore, et dix fois plus vive.

Ces comparaisons paraîtront triviales ; mais peu m'importe, si elles sont justes. Plus d'un *faiseur* de profession, et ces *faiseurs* sont très-nombreux dans ce siècle, y trouvera de quoi exercer sa savante critique, et haussera les épaules en me lisant; mais peu m'importe encore une fois. Je suis un bon et zélé citoyen; je ne suis pas un auteur.

Je reviens au sujet qui doit seul m'occuper. Nous voyons que, du temps de la censure, un libraire, quand il mettait un ouvrage *en vente*, était sûr qu'un ordre émané de la police ne viendrait point entraver cette vente. Voyons maintenant à quoi nous a mené l'abolition de la censure, qu'on veut bien appeler *la liberté de la presse*, et quels sont ses résultats. De quelque côté que j'envisage la chose, je ne vois qu'abus. Je vais parler d'une profession très-honorable, puisqu'elle est utile, puisqu'elle sert à répandre, à étendre les lumières; une profession dont on ne fait pas assez de cas aujourd'hui, et qui mérite certainement la protection d'un gouvernement comme le nôtre : je veux dire la librairie. La prétendue liberté de la presse qu'on nous a donnée, doit causer nécessairement sa ruine. La librairie est une branche de commerce comme toutes les autres; elle n'est ni la moins utile, comme je l'ai dit plus haut, ni la moins honorable.

Reportons-nous encore au temps de la censure, puis revenons à ce temps *de liberté de la presse*. Maintenant qu'on me permette aussi une autre comparaison. Un négociant envoie des marchandises dans un pays ; il est averti que telle denrée n'y sera point reçue et sera confisquée. Avant d'arriver, il se hâte de retirer ces denrées. Un autre négociant, qui n'a reçu aucun avertissement, fait un choix des marchandises qu'il croit utiles aux contrées auxquelles il les destine. Il fait des sacrifices, il paie des frais considérables ; il arrive enfin, et il apprend, arrivé au port, que ce qu'il apporte est prohibé, que ses marchandises sont jugées nuisibles, et qu'il est condamné à les livrer aux flammes. Voilà quel était le sort d'un libraire quand la censure existait ; voici son sort depuis qu'elle est abolie.

Il est une *rouerie* souvent employée par la police, pour empêcher la vente d'un ouvrage. Quand cet ouvrage *déplaît,* et que cependant il ne contient rien qui puisse le faire prohiber, on défend au *Journal de l'Imprimerie et de la Librairie* d'en faire l'annonce ; et l'on sait que tant qu'un écrit n'est pas annoncé dans ce journal, les autres journaux ne peuvent en parler. Ces derniers mêmes souvent en reçoivent la défense formelle.

L'ouvrage, ainsi *escamoté* au public (car il y a des escamoteurs par-tout), reste chez le libraire. C'est ce que voulaient *ces Messieurs.*

Cette *petite espiéglerie* se renouvelle souvent ; *la liberté de la presse* y mettra ordre.

Que le Journal de la Librairie soit obligé d'annoncer tout ouvrage qui lui sera envoyé, s'il n'est point jugé séditieux ou calomnieux ; s'il refuse de le faire, que l'auteur ait le droit de porter ses plaintes devant le conseil formé pour cet objet (ce dont je ferai mention plus bas) ; que les autres journaux puissent **en** rendre compte sans opposition.

Quoi ! un libraire aurait fait à grands frais l'acquisition d'un ouvrage considérable, dans l'espoir d'un juste gain ; il aurait sacrifié toute sa fortune pour faire imprimer cet écrit qu'il croit *bon* ; et parce qu'il ne paraît pas tel à tout le monde, parce que ce libraire se serait trompé, on viendrait lui arracher le fruit de ses veilles, de ses peines et de ses sacrifices ! Il serait réduit à la misère ; ses enfans seraient obligés de mendier leur pain, souvent par un caprice de ceux qui sont ses juges !...

Il ne fallait pas l'imprimer, puisqu'il est dangereux. — Il fallait donc lui dire avant qu'il ne le livrât à la presse : *Votre ouvrage est dangereux, ne l'imprimez pas.* Alors il eût béni le ciel de ces avertissemens ; il eût retranché les passages qui font prohiber tout le reste ; il les eût remplacés par ceux que votre sagesse et la sienne lui auraient dictés, et il ne serait pas ruiné d'*un coup de plume.*

Mais non : vous venez lui donner des conseils ; vous venez faire des réflexions quand la faute est commise ; vous lui parlez du précipice quand vous le voyez au fond. Il fallait donc lui montrer le bon chemin ; il fallait lui indiquer du doigt ce précipice : il l'eût évité.

D'après l'avis que je viens d'énoncer, quelques personnes pourraient croire que je suis *partisan* de la censure, et que je tends à faire rétablir son règne. Bien loin de moi une pareille idée ; entre deux inconvéniens je choisis le moins grave. Voilà pourquoi j'ai dit qu'il valait mieux *rétablir la censure* que de laisser la liberté de la presse telle qu'elle est. Mais suffit-il de choisir le *mal le moins grand ?* Pourquoi ne pas aller de suite et directement au bien ? Dans un gouvernement sage comme celui que nous avons, c'est au bien seul que doivent tendre tous les efforts de ceux que le Roi et le peuple ont fait les *régulateurs* de ce même gouvernement.

Dans l'état présent des choses en France, le Roi a besoin d'entendre la vérité ; la vérité seule peut sauver l'Etat. Qu'elle parvienne jusqu'au pied du trône *telle qu'elle est,* et non chargée des ornemens avec lesquels on croit cacher sa nudité et la rendre plus agréable. La vérité, *ainsi vêtue,* n'est plus la vérité ; la cacher au Roi, la cacher au peuple, c'est se rendre coupable de tous les maux qui peuvent nous accabler, et qui nous paraîtront plus grands encore qu'ils ne le sont réellement, parce que nous ne les attendions pas.

De tout temps les monarques, malheureusement pour les peuples, malheureusement pour eux-mêmes, ont été entourés d'une foule de gens qui ont toujours soin de cacher le mal et d'exagérer le bien, parce qu'ils y trouvent leur intérêt personnel. Qu'on

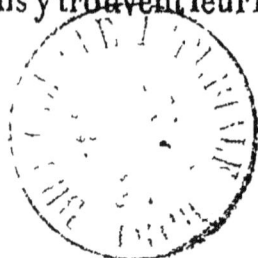

laisse le peuple parler, que chaque citoyen ait le droit d'être franc, et ces lâches courtisans seront réduits au silence. Le Monarque ayant enfin sous les yeux le tableau véritable de ce qui est, se détournera pour examiner le tableau qu'on lui en avait fait d'abord; il les comparera tous deux, et verra que celui-ci n'avait été embelli que par le mensonge. Ce tableau véritable, quelle force pourra le faire parvenir jusqu'au palais du Prince, et y conduire, y attacher ses regards malgré les efforts de ceux qui seront toujours postés en avant pour y jeter un voile trompeur qui le couvrira en entier, ou n'en laissera voir qu'une partie; malgré les efforts de ceux qui viendront se mettre entre *leur maître* et lui? Quelle force pourra opérer un tel prodige?.... la liberté de la presse : non pas l'ombre de liberté dont on a voulu nous abuser; mais la liberté telle que je vais tâcher d'en donner une idée.

Vous qui n'écrivez que pour servir votre pays, dites ce qui est; ne diminuez pas le mal qui existe ou qui peut exister, pour qu'on puisse y remédier; ne l'exagérez pas, pour qu'on ne désespère pas un moment.

Louis XVIII parle avec confiance à son

peuple : c'est un père de famille qui instruit ses enfans de l'état de ses affaires ; il leur dit quels sont les sacrifices qu'ils doivent faire, afin de rétablir ces affaires ; il ne leur cache rien. Ces enfans ne doivent-ils pas lui parler, à leur tour, avec la même franchise ; ne doivent-ils pas lui faire part de leurs idées? S'ils croient utiles des conseils que leur dictent leurs intérêts personnels ; leur prudence et leur sagesse, ne doivent-ils pas se hâter de les lui faire entendre? Le père y découvrira peut-être de nouvelles lumières ; il sera peut-être instruit par eux de choses *que ses gens de confiance* lui avaient cachées. Il remerciera ses enfans ; il profitera de leurs avis (1).

Du temps que nous courbions la tête sous le joug de la féodalité, nous étions comme la propriété du souverain. Nous l'avons secoué, ce joug affreux ; et, sous un monarque

(1) On a donné bien des définitions à la royauté. Quelques-uns veulent que le Roi soit le souverain maître. Un auteur a dit dernièrement que le Roi de France n'était que le premier gentilhomme de l'état : non, le Roi n'en est pas le *premier gentilhomme*, il en est le *premier citoyen.*

constitutionnel , nous formons une famille
dont il est le chef. Ses droits n'en sont que
plus grands, parce que l'autorité d'un père est
sacrée, et que celle d'un maître ne l'est point.

Pour que la confiance puisse toujours
exister entre ceux qui sont gouvernés et celui qui gouverne , la *liberté de la presse entière* est une chose indispensable.

« Cette *liberté entière* , me dira-t-on ,
« peut entraîner de grands abus. Un écrivain
« de mauvaise foi , sous prétexte d'être utile
« à son pays et d'éclairer le Roi, peut établir
« des principes faux , bouleverser les es-
« prits , et ébranler le trône. Nous venons
« d'en avoir un exemple frappant dans la
« personne d'un pair de France , d'un mi-
« nistre d'état , qui , sans respect pour ces
« deux titres , cachait, sous le voile du roya-
« lisme le plus pur , du véritable *patrio-
« tisme*, les desseins les plus perfides. Ne
« devons - nous pas rendre grâce à la loi
« sévère qui a mis opposition à la vente de
« cet ouvrage , qui cependant n'a pas laissé
« que de faire du mal? Si la presse eût été
« libre à cette époque , quel mal beaucoup
« plus grand encore n'aurait pas fait cet écrit

« politique? L'auteur de cet écrit n'est pas
« le seul , sans doute ; et c'est la crainte
« qui retient les autres : libres enfin dans
« leurs pensées et dans leurs projets , quel
« frein pourra les retenir? »

Je m'attendais à cette objection. Les abus ,
dont on m'entretient là , sont grands , sans
doute , les résultats en peuvent être terribles;
mais il y a moyen d'y remédier. Quand je
dis qu'il est nécessaire que la liberté de là
presse soit *entière* , je ne prétends pas dire
que l'on ait le droit de tout publier sans être
responsable du mal qu'on peut faire. Oui ,
que la presse soit libre , *entièrement libre* ;
mais que celui qui abuserait *de cette liberté* ,
pour faire naître un esprit de parti contraire
au salut de la patrie , reçoive un juste châtiment , un châtiment exemplaire. Je remets
entre les mains d'un homme des armes pour
me défendre dans l'occasion ; s'il les tourne
contre moi , n'est-il pas criminel ? ne doit-il
pas être puni ? la justice l'ordonne.

Qu'on me permette d'expliquer ici de quelle
manière je crois nécessaire que la *liberté de
la presse* existe en France. Je puis m'égarer ,
mais , je le répète , je n'écris que pour être

utile à mon pays , et la plus belle récompense qu'on puisse m'offrir , c'est de rectifier les idées qui ne paraîtraient pas saines.

Article Ier.

Qu'une loi donne à tout citoyen le droit de publier tout ce qu'il jugera à propos , et que nul ne puisse lui ôter ce droit.

Article II.

Si son écrit décèle des intentions contraires au salut de la patrie ; s'il attaque le chef du gouvernement et tâche de le rendre odieux à ses peuples ; s'il tend à égarer ces mêmes peuples , à les désunir, à y former des partis, que son ouvrage soit examiné d'abord par quatre membres d'un conseil nommé pour cet effet par la Chambre des Pairs ; que si cet ouvrage est trouvé dangereux , l'auteur , jugé par ce même conseil , paie une amende qui ne pourra être au-dessous de cent francs ; qu'il fasse publiquement amende honorable ; que son écrit soit brûlé en place publique , par le bourreau ; qu'il soit en outre condamné à une détention qui ne pourra être moindre de dix jours , ni plus de deux mois ; que l'accusé ait la faculté de se défendre ou de charger un avocat de sa défense (1).

ARTICLE III.

Si l'auteur reprochait aux ministres ou autres fonctionnaires publics des *abus de pouvoirs* qui n'existeraient pas, afin de les rendre odieux au Roi ou à la Nation, qu'un nouveau conseil nommé par le Roi, examine l'ouvrage, entende la défense de l'accusé; et si ce conseil juge qu'il s'est rendu coupable de calomnie, qu'il soit aussitôt condamné à une détention qui ne pourra surpasser quinze jours, ni être moindre de vingt-quatre heures; que son ouvrage soit saisi seulement, et qu'il paie une amende moindre que celle à laquelle il serait obligé dans le premier cas (article 2), et qu'il fasse publiquement amende honorable; qu'il fasse imprimer dans chaque journal, tant dans les départemens qu'à Paris, une circulaire signée de sa main, et par laquelle il se rétracte de ce qu'il avait avancé, à ses frais et dépens.

(1) L'on me dira peut-être : Ce que ce conseil s'est chargé de faire, la police le fait. Je répondrai : « La police n'est pas un tribunal. »

Article IV.

Si un citoyen, quel qu'il soit, porte plainte en calomnie contre un auteur, que celui-ci soit jugé par les tribunaux ordinaires ; et s'il est réellement coupable de calomnie, qu'il soit condamné à payer une forte somme (taxée par une loi) à la personne calomniée, puis qu'il soit condamné encore, comme dans les deux cas précédens (art. 2 et 3), à une amende honorable.

Article V.

Chaque ouvrage devra porter le nom de l'imprimeur et du libraire chez lequel il se vend. Celui-ci, sur la demande qui lui en sera faite par les autorités, devra déclarer le nom de l'auteur ; et, s'il ne le fait point, il sera responsable de l'écrit saisi chez lui, et sera traité de même que s'il en était l'auteur.

Article VI.

Aucun imprimeur ou libraire ne sera arrêté, ni livré aux tribunaux, pour un ouvrage qu'il aurait imprimé ou vendu, s'il déclare le nom de l'auteur.

Article VII.

Tout ouvrage, quel qu'il soit, qui ne portera pas le nom de l'imprimeur et du libraire, sera saisi, et ceux qui le vendraient seront punis.

Article VIII.

L'imprimeur qui imprimerait, et le libraire qui débiterait un ouvrage dont la propriété serait publique, mais qui outragerait les mœurs ou la religion, seront jugés par un conseil nommé par la Chambre des Pairs, et punis selon le cas.

Article IX.

L'imprimeur qui imprimerait et le libraire qui débiterait une édition nouvelle d'un ouvrage dont l'auteur se serait trouvé dans le deuxième, ou troisième, ou quatrième cas (*voy*. art. II, III et IV), seront punis comme s'ils en étaient les auteurs eux-mêmes; mais la réclusion, si elle a été, pour l'auteur, de quinze jours, le sera d'un mois pour eux, et les frais auxquels ils seront condamnés seront aussi doublés, parce que leur culpabilité est plus grande.

Article X.

Si c'est l'auteur, déjà condamné, qui publie à son compte l'ouvrage qui lui a valu cette condamnation, la peine infligée à l'impri-

meur sera la même que ci-dessus; mais
l'auteur non-seulement subira une peine
double aussi, mais il restera, pendant un
temps plus ou moins long, sous la surveil-
lance de la haute police.

Article XI.

Si un ouvrage porte le nom de l'imprimeur et non du libraire, le premier sera
obligé de déclarer le nom du second, et ils
seront punis tous deux. S'il refuse de faire
cette déclaration, la peine portée contre lui
sera plus forte, et il deviendra responsable
du mal qu'aurait produit l'ouvrage.

Article XII.

Si c'est un fonctionnaire public qui publie un ouvrage qui le mettrait dans le premier cas (*voyez* article II), comme il doit
donner l'exemple à ses concitoyens, comme
la charge dont il est revêtu lui donne plus
de moyens qu'à un homme privé pour se
faire des partisans, et que par conséquent le
mal qu'il ferait serait plus grand, la peine portée contre lui sera beaucoup plus forte. Il sera jugé par un conseil nommé à cet effet par
le Roi; sera suspendu de ses fonctions, ou
en sera totalement privé (selon la gravité du

délit. Dans les autres cas , la peine sera la même que s'il était simple citoyen. (*Voyez* articles III et suivans.)

La Chambre des Députés est occupée dans ce moment , ou doit s'occuper , d'un travail relatif aux journaux : je vais hasarder quelques observations à ce sujet. Les feuilles publiques doivent jouir également des *bienfaits de la liberté de la presse ;* mais comme, par leur nature , elles sont plus répandues que les autres ouvrages , et qu'elles peuvent avoir une grande influence sur les esprits , je crois que les précautions contre le mal qu'elles peuvent faire doivent être plus grandes (1).

Qu'il y ait un conseil uniquement chargé de l'examen des journaux.

----

(1) Ici je ne suis pas tout-à-fait de l'avis d'un de nos meilleurs écrivains, rédacteur lui-même d'un journal généralement estimé, au sujet de l'influence des journaux. Je veux parler de M. Tissot et du *Constitutionnel.*

Le *Constitutionnel* mérite, à tous egards, le nom qu'il a pris, et c'est un journal vraiment français. Il n'est pas le seul digne d'estime, sans doute ; mais il mérite la préférence sur tous, et les vérités courageuses ne lui coûtent point à dire ; mais il ne sort jamais des bornes de la raison et de la modération.

De nos jours, peut-être plus que jamais, nous voyons de ces journaux dénoncer des particuliers, s'ériger en censeurs de leur conduite passée, calomnier même des personnes qui jouissent de l'estime générale.

Que, sur la demande d'un citoyen qui se plaindrait d'un journal, le conseil s'assemble; qu'il juge l'article relatif à ce particulier; et si le journal est convaincu de calomnie, qu'il soit obligé de se rétracter dans le plus prochain numéro, et à remettre au plaignant deux cents exemplaires au moins de ce numéro.

S'il se trouve dans le cas dont fait mention l'article II, relatif aux auteurs d'écrits séditieux (*voyez* page 22), qu'il soit suspendu ou aboli, selon la gravité du délit.

Qu'un journal ait le droit de refuser l'insertion d'un article qui lui serait envoyé par une autorité supérieure, parce qu'il n'est la propriété de personne. J'excepte les ordonnances et les nouvelles officielles qui ont besoin d'une prompte publication.

Si, par un ordre quelconque, un journal était arrêté ou retenu à la poste, qu'il ait le droit d'en porter plainte devant le conseil dont j'ai fait mention , et si l'autorité qui en avait donné l'ordre l'avait fait arbitrairement, que le journal puisse exiger une indemnité.

Les peuples sont faits , non pas pour se combattre , pour se déchirer les uns les autres ; mais pour imiter réciproquement leurs bonnes institutions. La révolution française en fournit un exemple. Les nations voisines ont évité ses excès , et ont profité des lumières nouvelles qu'elle a répandues. Nous les avons combattu, nous les avons vaincues souvent ; mais en même temps nous leur avons appris à combattre et à vaincre.

Heureux les gouvernemens qui en prennent d'autres pour modèles ! Ils s'emparent du bien , et laissent de côté le mal. Pourquoi ne ferions-nous pas de même à l'égard des autres nations ? Pourquoi n'irions-nous pas chercher , en Angleterre par exemple , le germe de notre bonheur ?

La loi qui concerne la liberté de la presse, fait honneur au gouvernement anglais. Mais si la *liberté de parler* est un bienfait , que doit donc être la *liberté de soi-même* ? Elle nous manque cette liberté. Si ma faible voix peut être entendue , je viens la réclamer.

Il est temps que la Chambre des Députés

occupe d'une loi relative à cette liberté sacrée : je suis étonné qu'elle l'ait négligée jusqu'à présent. N'est-ce donc pas le premier
besoin du peuple ?

On a beau me dire : Vous êtes libre , la
Charte le veut. Je réponds : Non , je ne
suis pas libre : je suis à la merci d'un mi-
nistre, d'un préfet , d'un commissaire , du
premier individu qui se présentera. Je suis
libre ! dites-vous ? Et les dénonciations ! Mais
vous devenez *libre* , dès que votre innocence
est reconnue....— Et tout le temps qu'on me
tient à la chaîne , le suis-je ?

Ces dénonciations , ces détentions né-
cessitent ici quelques réflexions particulières.

La fureur de dénoncer règne en ce moment plus que jamais elle n'a régné , peut-
être même du temps de la révolution.

On semble , au lieu de porter remède à
cette frénésie , vouloir l'augmenter et l'en-
tretenir. Comment ! nous avons une Charte
constitutionnelle , nous parlons d'idées libé-
rales , nous sommes en prières pour rendre
grâces au ciel de nous avoir délivré , par un
Monarque envoyé par lui, du joug affreux
qui pesa si long-temps sur nous , nous nous

réjouïssons d'être une nation nouvelle, et un citoyen qui sort de chez lui le matin, n'est pas certain d'y coucher le soir !

Les dénonciateurs sont utiles ! — Oui, ils le sont ; mais ils le sont comme un mal est nécessaire chez un malade pour en affaiblir un autre.

Le temps seul et la courageuse persévérance de ceux *qui pensent bien*, peuvent réunir tous les esprits. Rarement l'homme, dans les différentes circonstances où le hasard le place, *se ressemble à lui-méme :* comment des millions d'hommes pourront-ils *se ressembler entre eux ?*

Chaque individu a son opinion particulière, en politique surtout. Je me suis trouvé dans des réunions nombreuses d'hommes, où pas un ne pensait comme l'autre, et cependant j'ai eu lieu de remarquer que tous voulaient le bien de leur pays ; cependant chacun se disait tout bas : Je suis le seul *qui aie raison.*

Quand la haine, quand le désir de la vengeance existent entre les individus, on pense bien que cette différence d'opinion est un excellent prétexte pour satisfaire une animosité particulière. Je crois indiquer la source de presque toutes les dénonciations.

Quoiqu'en dise un écrivain célèbre, la police est nécessaire à la tranquillité de la France. Les dénonciateurs conséquemment sont nécessaires aussi, car la police est un flux et un reflux éternel. Les uns sortent pour aller découvrir le mal, tandis que les autres entrent avec leurs découvertes.

Quoiqu'un mal soit nécessaire, il n'en est pas moins un mal. Il est un moyen de le diminuer, c'est de l'organiser. Nous reviendrons à cette organisation. Je vais parler maintenant d'abus qui ont lieu tous les jours. Comme je l'ai dit plus haut, la haine particulière, un désir de vengeance, souvent même l'espoir d'un salaire ignominieux, peuvent porter un individu à en dénoncer un autre. Des pères, des mères, des fils, des frères en ont donné l'exemple. Sur des données peu sûres même, un homme mal intentionné peut livrer son voisin à la police. Qu'il soit coupable ou non, le voilà arrêté; le voila transféré dans une prison. Pendant tout le temps qu'il restera *au secret*, son épouse, ses enfans, sa famille entière ne sachant ce qu'il a pu devenir, croyant l'avoir perdu pour toujours, se livrent à la douleur. *Ce secret* ne dure pas toujours; mais cette épouse , mais ces enfans, mais ces amis n'en ont pas moins été livrés aux angoisses les plus déchirantes pendant le temps de la détention. Bientôt il est interrogé , sa conduite est examinée , et l'on reconnaît qu'il est innocent ; que celui qui a été dépeint comme un séditieux , est un excellent citoyen. On se hâte de lui rendre sa liberté. Lui rendra-t-on le temps précieux qu'il a perdu ? Cet homme était un commerçant. Il était sur le point de traiter une affaire de laquelle dépendait sa fortune. Vous êtes venu l'enlever au moment où il l'entamait ; elle n'a pu réussir.

Combien de fois ces choses se sont vues ; combien de fois elles se renouvellent encore ? Plus d'un individu, et j'en ai la certitude , a été arrêté pour un autre, parce qu'il avait le même nom.

J'ai dit qu'on pouvait rendre le mal moins grand en l'*organisant*. Les moyens que je vais tâcher d'offrir pour y parvenir, sont très-simples.

Je voudrais qu'aucun fonctionnaire ne reçût une dénonciation sans que celui qui l'a faite ne la signe, ou ne la fasse signer, s'il ne sait pas écrire, par des témoins , sans lesquels il ne

peut se présenter ; que le fonctionnaire exige
que cette dénonciation soit faite devant celui
qui en est l'objet ; que celui-ci ait le droit de
se défendre ; qu'il ait la faculté d'appeler aussi
des témoins *à sa décharge* ; qu'il ne soit in-
carcéré que lorsque le délit dont il est accusé
sera prouvé. Comme les hommes ne sont
point infaillibles , et que celui qui se trouve
le juge de son concitoyen, pourrait être aussi
mû par quelqu'animosité personnelle , que
tout condamné ait le droit d'en appeler devant un tribunal dès que la peine a été pro-
noncée contre lui. Si le tribunal , à son tour,
juge qu'il est coupable, qu'il soit obligé de payer
des dommages et intérêts au fonctionnaire
dont il s'est plaint. Si au contraire le tribunal
juge qu'il est innocent , que les dommages et
intérêts soient du côté du fonctionnaire et du
côté du dénonciateur.

L'on me dira peut-être qu'on ne trouve-
rait pas assez de juges pour le nombre considérable des accusés dont la liste s'allonge
tous les jours. Quoi ! vous n'avez pas assez
d'hommes pour les juger , et vous en avez
assez pour les condamner sans les entendre ;
vous en avez assez pour les traîner en prison !

Une loi d'*habeas corpus* , pareille à celle

dont jouissent les Anglais , est indispensable
en France. Par elle , tant d'hommes qui , par
la force de la malveillance , sont entrés bons
citoyens dans une prison , las d'y gémir , d'y
attendre en vain que leur innocence soit reconnue , aigris par la douleur et les mauvais
traitemens , égarés par le désespoir, ne sor-
tiront point de cette prison après une longue
détention , avec des projets , avec une manière de voir qui jamais n'auraient existés
chez lui , si on l'avait laissé jouir de la liberté
que ses vertus , son amour pour la patrie ,
les services même qu'il lui avaient rendus ,
sa vie privée enfin devaient lui conserver.

N'est-il pas honteux pour une nation que
des hommes demandent, et souvent comme
la plus grande faveur, d'être mis en juge-
ment ?

Établir une loi comme celle dont je donne
ici une légère idée , une idée peut-être trop
imparfaite, c'est créer des bons citoyens ;
laisser exister les abus dont j'ai fait mention,
c'est au contraire créer des ennemis au Gouvernement.

Je croirais n'avoir pas rempli les vues que
je me suis proposées si je laissais en oubli, si
je ne *dénonçais* pas hautement d'autres abus
qui soient à ma connaissance.

Que l'œil vigilant de ceux qui ont en main le timon de l'état pénètrent jusque dans les prisons, connues souvent à ceux-là seuls qui y ont été renfermés ; que les gardiens des prisonniers n'en deviennent pas les tyrans; les concierges mettent un impôt jusque sur le malheur.

- Peut-on souffrir, par exemple, qu'à la Préfecture de police le concierge fasse librement les spéculations les plus honteuses ?

Une carte, pareille à celle des restaurateurs, est présentée aux prisonniers auxquels leur fortune donne un peu plus de *considération* que les autres. Ils y choisissent les mets qu'ils désirent, et ce n'est qu'après que les objets choisis ont été consommés que le concierge, *chef de ce commerce*, leur en apprend les prix, qu'il règle selon sa fantaisie, comme on peut bien penser. Il refuse toujours de les dire d'avance. Si l'on veut être nourri, il faut consentir à se laisser piller.

On est étonné de voir que pareille infamie existe à la Préfecture de police, dont le chef jouit à si juste titre de l'estime générale. Il doit savoir que, sur dix prisonniers détenus à la Préfecture dans ce moment, il y en a souvent cinq d'innocens. Voilà cependant comment ils sont traités.

Je voudrais un mode de règlement relatif aux prisons. Que des visites y soient faites fréquemment ; que le prix de tout ce que le concierge peut fournir soit réglé aussi par un tarif. Cet objet est d'une grande importance.

Après avoir parlé bien faiblement, sans doute, des avantages que procureraient la liberté de la presse, je crois faire plaisir en mettant sous les yeux du lecteur ce qu'en a dit Delolme.

« Les maux d'un état ne venant pas seulement du défaut de ses lois, mais encore de leur inexécution, et d'une inexécution qui souvent est telle qu'il est impossible de la soumettre à des peines, ou même à des qualifications déterminées, on a imaginé, dans plusieurs états, un moyen qui peut suppléer à l'imperfection des législations, et commencer où elles finisent. Je veux parler de la censure, pouvoir dont les effets peuvent être très-grands, mais dont l'exercice, à la différence du pouvoir législatif, doit être laissé au peuple.

« Le but de la législation n'était point, comme on l'a vu, de rechercher et d'exécuter les volontés particulières de chaque citoyen, mais uniquement de découvrir et de déclarer ce qui est l'intérêt général dans des circonstances

données, il n'est point de l'essence de la chose
que chacun soit consulté là-dessus ; et c'¹est
que ce moyen , qui paraît d'abord si naturel
de rechercher par l'avis de tout ce qui convient
à tous, se trouve sujet, dans la pratique, aux
plus grands inconvéniens, il ne faut pas hé-
siter de l'abandonner. Mais l'opinion générale
formant seul le ressort du pouvoir censorial,
on ne saurait atteindre le but qu'en faisant
que cette opinion même soit déclarée ; c'est
uniquement d'elle qu'il doit être question , et
il faut, par conséquent, *que ce soit le peuple
lui-même qui parle et le manifeste.*

« Un tribunal particulier de censure manque
donc essentiellement son but ; il a, de plus,
de très-grands mouvemens.

« N'étant établi que pour prononcer sur
des cas qui sont hors de la règle, il ne peut
être soumis à aucune règle. D'ailleurs, par la
nature de la chose, il ne saurait avoir de
contre-poids constitutionnel, *et il présente
le spectacle d'un pouvoir entièrement arbi-
traire*, et qui, dans ses divers exactions, peut
réduire les citoyens au désespoir, en affectant
leur bonheur et leur tranquillité de la manière
la plus cruelle.

« Il produit encore le très-grand mal , *en*

dictant les jugemens du peuple, de lui ôter cette liberté de penser qui est le plus beau privilége, ainsi que le soutient de la liberté proprement dite. On peut donc compter comme un nouvel et très-grand avantage des lois de l'Angleterre, *la liberté* qu'elles laissent aux peuples d'examiner et de censurer la conduite du Gouvernement, et de tous ceux qui en administrent quelques branches. Non-seulement elles assurent à chaque particulier le droit de présenter des pétitions, soit au Roi, soit aux deux Chambres : elles lui donnent encore celui de porter ses plaintes et ses observations quelconques au tribunal du public, par la voie de l'impression : droit redoutable à ceux qui gouvernent, et qui, dissipant sans cesse le nuage de majesté dans lequel ils s'enveloppent, le ramène au niveau des autres hommes, et frappe sur le principe même de leur autorité. Aussi ce privilége n'a été obtenu *que le dernier de tous et avec la plus grande difficulté.* La liberté, à tous autres égards, était déjà assurée, que les Anglais étaient encore, pour l'expression publique de leurs sentimens, sous un joug, pour ainsi dire, despotique

« L'histoire est remplie des sévérités *de la*

Chambre Étoilée, contre ceux qui osaient écrire en matière de gouvernement : elle avait réglé le nombre des imprimeurs et des presses , *et établi un licenceur*, sans l'approbation duquel rien ne pouvait être mis au jour. Ce tribunal ne connaissait point, dans sa procédure, *celle des jurés* ; et , décidant de sa seule autorité , *trouvait coupable tous* ceux qu'il plaisait à la cour de trouver *tels* ; et ce n'est pas sans raison que Coke, dont les idées de liberté étaient encore teintes des préjugés du temps où il vivait , dit , après avoir fait l'éloge de ce tribunal , que quand les règles en sont observées , il tient toute l'Angleterre en repos.

« Lorsque la *Chambre Étoilée* eût été abolie , le *long* parlement, dont l'autorité ne redoutait pas moins l'examen , fit revivre les ordonnances contre la liberté de la presse. Charles II , et après lui Jacques II , en obtinrent encore le renouvellement : l'acte expirant en 1692 , fut à cette époque, quoique postérieure à la révolution , continué pour deux années , et ce ne fut qu'en 1694 , que le parlement ayant refusé de le continuer encore, la liberté de la presse , ce privilége dont l'autorité semblait ne pouvoir se résoudre à se désaisir , fut finalement établie.

Mais que le juge soit mis en mouvement par un particulier, ou qu'il le soit par le gouvernement lui-même, son unique fonction est de prononcer la peine : c'est aux jurés à décider et le point de droit et le point de fait, c'est-à-dire, à déclarer si un tel écrit a été réellement composé ou publié par un tel ; si c'est contre un tel qu'il s'adresse, et si ce qu'il contient est criminel.

« Et quoique la loi ne permette pas en Angleterre, qu'un homme accusé d'avoir écrit un libelle *fasse la preuve des faits qu'il a avancés* (chose qui aurait les plus fâcheuses conséquences et qui est proscrite partout); d'un côté, devant porter que les faits sont *faux, malicieux*, etc., et les jurés étant absolument les maîtres de leur *verdict*, étant les maîtres de faire entrer dans la formation de leur opinion tout ce dont ils peuvent avoir connaissance, il n'est pas douteux qu'ils absoudraient dans le cas où les faits avancés seraient d'une évidence reconnue et d'une tendance généralement mauvaise.

« Mais cela serait surtout vrai, s'il était question du Gouvernement, parce qu'ils joindraient à cette connaissance le sentiment

d'un principe généralement répandu en Angleterre, et qui a été dernièrement exposé
avec force aux jurés dans une cause assez
célèbre : *Que, quoique parler mal des particuliers puisse être une chose blâmable,
cependant les actes publics du Gouvernement doivent être soumis à un examen public; et que c'est rendre service à ses concitoyens que de s'en exprimer librement.*

« *Mais en quoi consiste donc précisément
cette liberté?* Serait-elle la liberté laissée à
chacun *d'imprimer tout ce qui lui vient dans
la tête?* de calomnier, *de noircir qui bon lui
semble?* non. Les mêmes lois qui protégent
la personne et la propriété du citoyen, ont
encore pourvu à sa réputation ; et elles dé-
cernent contre les libelles proprement dits,
à peu près les mêmes peines décernées
partout. Mais, d'un autre côté, elles n'ont
pas voulu, ainsi qu'il est en usage dans
d'autres états, qu'un homme fût tenu pour
coupable par cela seul qu'il imprime ; et
elles ne prononcent de peine que contre
celui qui a réellement imprimé des choses
criminelles, et qui est déclaré coupable par
douze de ses pairs, choisis avec les précautions que nous avons indiquées précédem-

ment. La liberté de la presse, comme elle a lieu en Angleterre, consiste donc, pour la définir plus particulièrement, en ce que les tribunaux ou juges quelconques, ne peuvent prendre connaissance qu'après coup des choses qu'on imprime, et ne peuvent procéder en ce cas, qu'en employant la *procédure des jurés*. C'est cette même dernière circonstance, qui constitue surtout la liberté de la presse. Si le magistrat, quoique restreint à n'agir que sur des actes écrits déjà publiés, était le maître de ses décisions, il se pourrait que, sur un article qui, comme celui là, excite si particulièrement la jalousie du pouvoir, il soutînt tellement ses efforts, qu'il parvînt à la fin à couper toutes les têtes de l'hydre. Aussi, cette extrême sûreté avec laquelle chacun peut communiqner ses idées au public, et le grand intérêt que chacun prend, en Angleterre, à ce qui tient au Gouvernement, y a-t-elle extraordinairement multiplié toutes les espèces de papiers publics. Indépendamment de ceux qui, se publiant au bout de l'année, du mois ou de la semaine, sont la récapitulation de tout ce qui s'est fait ou dit d'intéressant dans leurs différens périodes, il en est plusieurs qui,

paraissant journellement , ou de deux jours
l'un , annoncent au public les opérations
du gouvernement , ainsi que les diverses
causes importantes , soit au civil , soit au
criminel , avec les divers traits des plaidoyers
réciproques. Dans le temps de la session du
parlement , les *votes* , ou résolutions journalières de la Chambre des Communes , sont
publiés avec autorité ; et les discours les
plus intéressans , prononcés dans les deux
Chambres , sont recueillis en notes , et pareillement communiqués au public par la
voie de l'impression.

« Enfin , il n'y a pas jusques aux anecdotes
particulières , de la capitale et des provinces ,
qui ne viennent encore grossir le volume ,
et les divers papiers circulant , et se réim-
primant dans les différentes villes , se distri-
buant même dans les campagnes , où tout
jusqu'au laboureur , les lit avec empresse-
ment (2) , chaque particulier se voit tous les
jours instruit de l'état de la Nation , d'une
extrémité à l'autre ; et la communication est
telle que les trois royaumes semblent ne faire
qu'une seule ville.

« Et c'est dans cette publicité même de

toutes choses , qu'est ce pouvoir , que nous avons dit être si nécessaire pour suppléer à l'imperfection inévitable des lois, et qui contient dans leurs bornes ceux qui ont une portion quelconque de l'autorité. Convaincus que toutes leurs actions sont exposées au grand jour , ils n'osent se hasarder à ces *acceptions de personnes*, à ces *connivences obscures , ces vexations de détails* que l'homme en place se permet , lorsqu'exerçant son office , dérobé aux yeux du public , et pour ainsi dire en un coin , il fait que , s'il est prudent , il peut se dispenser d'être juste. Quel que soit l'abus qu'ils seraient tentés de se permettre, ils savent qu'il sera incontinent divulgué : le juré fait , par exemple , que sa décision , le juge que sa direction , vont être communiquées au public ; et s'il n'est point d'homme en fonction qui ne se voie , à chaque fois obligé d'adopter entre son le devoir le sacrifice de toute sa réputation d'intégrité.

« Qu'on ne croie pas , au reste, que je parle avec trop de magnificence de cet effet des papiers publics. Je sais fort bien que toutes les pièces qu'ils renferment ne sont pas des modèles de logique , ou de bonne plaisanterie ; mais d'un autre côté il n'arrive jamais qu'un objet intéressant véritablement les lois , ou en général le bien de l'état , manque de réveiller quelque plume habile , qui , sous une forme ou sous une autre , communique les observations et les plaintes.

« J'ajouterai que , quoique l'homme irréprochable , victime pour un temps d'un préjugé malheureux , puisse soutenir du sentiment de son intégrité , négliger des imputations , même graves , l'homme prévaricateur , n'entendant que ce qu'il se dit déjà à lui même, est bien éloigné d'avoir le même avantage , et que le trait le plus méprisable suffit pour percer de part en part celui qui a déjà sa conscience contre lui (1).

(1) Je prendrai ici l'occasion d'observer que bien loin que la liberté de la presse soit une chose fatale à la réputation des particuliers, elle en est le plus sûr rempart. Lorsqu'il n'existe aucun moyen de communication avec le public, chacun est exposé, sans défense , aux coups secrets de la malignité et de l'envie. L'homme en place perd son honneur, le négociant son crédit, le particulier sa réputation de probité, sans connaître ni ses ennemis , ni leur marche; mais lorsqu'il existe une presse libre, l'homme innocent met

« J'avoue que dans un état où le peuple n'ose s'exprimer que pour dire des choses agréables, soit le prince, soit ceux auxquels il a confié son autorité, peuvent quelquefois se méprendre sur les sentimens publics, ou, au défaut de cet amour dont on leur refuse les témoignages, ils savent se borner à inspirer la terreur, et trouver, du moins', leur satisfaction à voir la multitude consternée retenir ses plaintes.

« Mais lorsque les lois donnent un libre cours à l'expression des sentimens du public, ceux qui gouvernent ne peuvent se dissimuler les vérités désagréables qui retentissent de toutes parts. Ils sont obligés d'essuyer même la plaisanterie. Et ce n'est pas toujours la plus mauvaise qui les afflige le plus. Ainsi que le lion de la fable, ils reçoivent les coups des ennemis qu'ils méprisent le plus; et ils sont à la fois arrêtés court, et obligés de renoncer à des projets d'injustice, dont les soins, après tout, considérables, ou leur attirent

---

tout de suite les choses au grand jour, et écrase tous ses ennemis à la fois, par une sommation publique de prouver ce qu'ils avancent. (*Note de* DELOLME.)

au lieu de cette admiration , qui est leur salaire et leur but , que mortification et que dégoût.

« En un mot, quelqu'un qui réfléchira sur ce qui fait le mobile de ce qu'on appelle les grandes affaires , et sur la sensibilité insurmontable de l'homme à la façon de penser de ses semblables , ne balance pas à affirmer que , s'il était possible que la liberté de la presse existât dans un gouvernement despotique , et ce qui ne serait pas moins difficile , qu'elle y existât sans changer la constitution , elle y formerait seule un contrepoids au pouvoir du prince. Que si, par exemple , dans un empire d'Orient , il se trouvait un sanctuaire qui , rendu respectable par l'ancienne religion des peuples , procurât la sûreté à ceux qui porteraient leurs observations quelconques ; que de là sortissent des imprimés que l'apposition d'un certain sceau fit pareillement respecter , et qui , dans leurs apparitions journalières , examinassent et qualifiassent librement la conduite des *cadis* , des *bachas* , des *visirs* , du divan et du sultan lui·même ; cela y introduirait tout de suite la liberté. »

FIN.